AF312854

PANÉGYRIQUE

DU VÉNÉRABLE PÈRE NICOLAS BARRÉ

J. M. J.   †   O. A. M. D. G.

PANÉGYRIQUE

DU VÉNÉRABLE PÈRE NICOLAS-BARRÉ

FONDATEUR DES SŒURS DE L'INSTRUCTION CHARITABLE
DU SAINT ENFANT JÉSUS
DITES DAMES DE SAINT-MAUR

PRONONCÉ LE 31 MAI 1886

DANS LA CHAPELLE DES DAMES DE SAINT-MAUR DE LANGRES
(HAUTE-MARNE)
A L'OCCASION DU 2ᵉ CENTENAIRE DE SA MORT

PAR M. L'ABBÉ S. HERSCHER

Chanoine honoraire,
aumônier des Dames de Saint-Maur
et secrétaire particulier de Mgr Larue, évêque de Langres

AU PROFIT D'UNE BONNE ŒUVRE

LANGRES

IMPRIMERIE ET LIBRAIRIE RALLET-BIDEAUD
3, rue de l'Homme-Sauvage, 3

—

1886

DEUXIÈME CENTENAIRE
DE LA MORT DU R. P. BARRÉ

Une bien touchante cérémonie a eu lieu, le lundi 31 mai, dans la maison d'éducation des Dames de Saint-Maur de Langres.

Il y a deux cents ans qu'un humble religieux, le Père N. Barré fonda, Dieu sait au prix de quels travaux et de quelles peines, l'admirable institution des Écoles charitables de Saint-Maur. *Instruction, charité, piété*, voilà la devise qu'on peut appliquer à cette Œuvre, devise écrite dans le cœur des saintes filles qui poursuivent à travers les siècles la réalisation des pieux projets du P. Barré.

Qu'il nous soit permis de payer notre tribut d'admiration à ces nobles femmes qui consacrent leur vie à l'éducation intellectuelle, morale et religieuse de nos jeunes filles avec un dévouement absolu, avec une abnégation complète, avec un zèle que peut seule inspirer la foi chrétienne.

Il y a des époques dans la vie des peuples où il est consolant de détourner ses regards du

triste champ de bataille des plus basses passions humaines, pour les fixer sur les pures et
glorieuses institutions qui conservent comme
dans une arche sainte, les traditions de l'honneur et des vertus chrétiennes...

La ville d'Amiens fut le berceau de l'homme
de bien qui, il y a deux siècles, édifia ces maisons d'éducation chrétienne de Saint-Maur.

Elle durera plus longtemps, cette institution
élevée par la seule force des vertus d'un homme
pauvre et humble, que certaines institutions
révolutionnaires bâties avec de la boue et du
sang sur des amoncellements de cadavres.

Telle est la réflexion qui nous venait à
l'esprit lorsque M. l'abbé Herscher, aumônier des Dames de Saint-Maur de Langres,
nous retraçait lundi, dans un magnifique discours, l'histoire de la vie et de l'œuvre du
Révérend Père Barré. De ce panégyrique nous
ne dirons rien de plus, car nous craindrions,
en le louant comme il le mérite, de blesser la
modestie de son auteur; nous apprenons d'ailleurs qu'il va paraître en brochure et chacun de
nos lecteurs voudra suivre dans tous ses détails l'exposé magistral que M. l'abbé Herscher
a tracé du développement, à travers trois siècles, d'une institution dont on peut, à Langres
plus que partout ailleurs, connaître les bienfaits et constater la salutaire influence.

Mgr Larue, évêque de Langres, assisté de
ses éminents vicaires généraux, MM. Hutinel,
Ravry et Perriot, avait bien voulu présider à
cette fête de famille. La jolie chapelle de la
maison était remplie par la foule venue pour
assister à la messe pontificale et entendre le
panégyrique du R. P. Barré. La messe a été

admirablement chantée par les élèves et anciennes élèves du couvent; nous devons une
mention particulière à un *O salutaris* composé
pour la circonstance par... Nous allions com-
mettre une indiscrétion que ne nous eût pas
pardonnée le compositeur; car il ne se contente
pas d'être un musicien consommé; il a non
seulement des talents, mais encore des vertus,
au premier rang desquelles brille la modestie,
et devant lesquelles le chroniqueur doit s'in-
cliner.

Il ne nous est pas défendu, en revanche, de
féliciter les interprètes de l'œuvre, et particulièrement la soliste, Mlle Genevoix, dont la voix
fraîche, juste et bien timbrée a merveilleuse-
ment traduit la pensée du musicien.

Après la messe, Mgr Larue s'est rendu dans
la salle de réception où les jeunes élèves de
l'établissement ont dit des chants et des poésies
de circonstance, avec un goût qui fait honneur
aux maîtresses et aux élèves. Un morceau de
musique très bien exécuté par Mlle Amiot, un
chant en l'honneur du P. Barré, une poésie
dite par Mlle Guené, et enfin un compliment
récité à Mgr Larue, pour lui demander sa bénédiction, par Mlle Ibry, voilà le programme de
cette partie de la fête.

Nous disposons d'un espace trop restreint,
pour pouvoir nous étendre plus longuement sur
les détails de cette aimable fête, dont le souvenir restera longtemps dans le cœur de tous
ceux qui y ont pris part. Nous devons, à notre
grand regret, abréger; nous ne terminerons
cependant pas ce compte-rendu, sans dire que
le soir, trois anciennes élèves des Dames
Saint-Maur de Paris, résidant à Langres, ont

offert à Madame la supérieure le spectacle
d'un feu de Bengale dont les brillantes lueurs
n'ont pas tardé à attirer devant la grille du
couvent une foule nombreuse et sympathique.

Et maintenant, à cent ans d'ici, la deuxième
édition de cette charmante fête.

Beaucoup d'entre nous, sans doute, n'y prendront part que du haut des cieux.

(*L'Avenir de la Haute-Marne*. 3 juin 1886.)

PANÉGYRIQUE

DU VÉNÉRABLE PÈRE NICOLAS BARRÉ
Fondateur des sœurs de l'Instruction Charitable du S. Enfant-Jésus
dites Dames de Saint-Maur

PRONONCÉ LE 31 MAI 1886
dans la chapelle des Dames Saint-Maur de Langres (Haute-Marne)
à l'occasion du deuxième centenaire de sa mort

Erat potens in verbis et in operibus.
C'était un homme puissant en paroles et en œuvres.
(Act., VII, 22.)

MONSEIGNEUR (1),
MESDAMES,
MES ENFANTS.

La France du XVIIe siècle a été grande à tous égards, grande surtout, parce qu'elle a enfanté des saints à l'Eglise et des hommes de génie au monde. Le siècle de Louis XIV a été le siècle de toutes les gloires. C'est la plus brillante époque des temps modernes. Je n'ai pas à vous dire ici tout ce qui s'est alors fait de merveilleux, d'éclatant et de mémorable. Au milieu des luttes parlementaires et des agitations politiques, au milieu des contradictions et des systèmes des prétendus philosophes, on entrevoyait un travail sérieux de reconstruction sociale, il s'opérait dans l'ordre des choses de la littérature et des arts

(1) Sa Grandeur Mgr Larue, Evêque de Langres.

2

un mouvement de progrès éminemment remarquable. A la voix de Louis XIV, tout tressaillait : ce grand monarque semblait disposer de la gloire ; sans doute, il n'a pas fait les guerriers, les héros, les poëtes, les peintres, les orateurs, les écrivains, les penseurs, les savants et tous ces hommes de génie qui lui forment une escorte royale dans l'histoire, mais il les a choisis, il les a montrés, et en ce sens, j'oserais presque dire qu'il les a créés. Il est vrai aussi que Dieu avait soufflé sur l'ensemble des esprits je ne sais quoi de grand et de noble qui étonne la pensée, et c'est un des plus imposants spectacles de voir la multitude des natures supérieures qui se pressent autour de Louis XIV, mais il les surpasse *de toute sa tête*, comme parlent les vieux poëtes de leurs héros.

Dans ce ciel lumineux, l'astre de la religion n'est pas le moins éclatant. Le grand siècle de notre patrie avait uni la science et la Religion, et c'est de leur heureux et fécond mélange que sortit cette foule d'esprits remarquables qui sont restés la gloire de la raison humaine aussi bien que du christianisme : Descartes, Pascal, Malebranche, Bourdaloue, Daguessau, Corneille, Boileau, Racine, au-dessus desquels plane la grande ombre de Bossuet et de Fénelon, les deux plus grands génies de la France catholique moderne. Je ne sache pas que, dans les temps modernes, rien ait été fait qui puisse être comparé à leurs écrits. La Grèce les aurait appelés divins ; tous les travaux du génie païen ne sont que des jeux d'enfants à côté de ces chefs-d'œuvre du génie chrétien. C'est la raison catholique élevée à sa plus haute puissance depuis saint Augustin et saint Thomas. Tous ces esprits élevés, ne présentent-ils pas ce que la philosophie a de plus sublime, ce que les sciences ont de plus exact et de plus profond, ce que la morale a de plus pur, ce que l'éloquence a de plus émouvant, ce que les lettres ont de plus élevé et de plus parfait, toujours uni aux lumières et aux soumissions de la Foi.

Quand je cherche dans la poussière du grand siècle, ce qui nous reste de tant de trophées, de tant de monuments, de tant de beaux palais et de somptueux édifices, de tant de villes prises, de tant de provinces conquises, de tant de batailles données, de victoires remportées, de tant de gloires, je ne vois presque plus rien debout. Beaucoup de monuments se sont écroulés, beaucoup de villes nous ont été enlevées, beaucoup de travaux sont passés, nous dit le Sage. *Transierunt* (1). *Transierunt!* O que ce petit mot est grand, et que ce peu de lettres dit beaucoup. Quoique ce ne soit qu'un mot, il a plus de force pour émouvoir que tous les longs discours des plus grands orateurs. Mais il est des œuvres qui ne sont point passées, et qui ne passeront pas! Et ce sont ces œuvres qui font la véritable grandeur du siècle de Louis XIV ; je veux dire les œuvres de charité et de dévouement suscitées par Dieu qui y voit une extension de la vie et des vertus de son divin Fils. Ces œuvres s'appellent les œuvres des Vincent de Paul, des Bérulle, des Olier, des Eudes, des De la Salle, etc. ; les œuvres des pauvres prêtres et des simples femmes, des séminaires et des Congrégations à peine aperçus, des dévotions contrariées et railliées à leur origine, en d'autres termes, la petitesse, la misère et le néant. Mais la petitesse a grandi, la misère est devenue brillante, le néant possède la vie. Les balayures de ce siècle sont la Providence du nôtre. Ce qui était n'est plus, et ce qui n'était pas croît, fleurit et envahit l'univers entier. Dieu choisit

______
(1) Sap., v, 9.

ce qu'il y a de plus faible selon le monde, pour confondre la puissance, et il choisit ce qu'il y a de plus vil et de plus méprisable selon le monde, et ce qui n'est rien, pour détruire ce qu'il y a de plus grand dans le monde. *Infirma mundi elegit Deus ut confundat fortia, et ignobilia mundi et contemptibilia elegit Deus, ut ea quæ sunt destrueret* (1). Dieu atteint d'une extrémité à l'autre des œuvres avec une grande force, mais il dispose de tout avec une merveilleuse suavité. *Attingit a fine usque ad finem fortiter et disponit omnia suaviter* (2). Dieu, dans le monde, du ciel à la terre, Dieu, c'est cette plénitude de force qui donne l'essor aux mondes célestes et qui, en même temps soutient le vol de l'oiseau et la marche de l'insecte; Dieu, c'est cette activité qui porte tout sur la parole de sa force : *Portansque omnia verbo virtutis suæ* (3). Dieu, c'est cette puissance qui unit les contraires, qui s'étend du chérubin à l'hysope, qui ouvre la langue angélique et fait balbutier le petit enfant; Dieu, c'est le triomphe, rien ne lui résiste; il s'élance comme le soleil de l'orient à l'occident, il marche à travers tous les obstacles, il fonde à travers les siècles des œuvres qui bravent tous les orages, il renverse ses adversaires, « porté, dit le Psalmiste, sur le souffle victorieux des tempêtes. »

Le mouvement religieux du XVIIe siècle partit de Saint-Sulpice pour s'étendre sur Paris, sur la France et sur l'Europe. Le vénérable Olier était un savant et un saint; il était éminemment l'un et l'autre. Bossuet l'appelle : *Verum, præstantissimum ac sanctitatis flore odore florentem.* Il fonda la congrégation de Saint-Sulpice, devenue le berceau de l'épiscopat,

(1) I Cor., 1, 27-28.
(2) Sap., viii, 1.
(3) Hebr., 1-3.

une pépinière de prêtres dont la science n'a d'égale que la modestie. C'est à Saint-Sulpice que nous devons, comme le disait naguère un illustre prélat, le bon et pieux clergé de France. Saint-Sulpice, et je parle d'après le témoignage d'un de ses anciens élèves, est avant tout une école de vertu. C'est principalement par la vertu que Saint-Sulpice est une chose archaïque, un fossile de deux cents ans. Ce qu'il y a de vertu dans Saint-Sulpice suffirait pour gouverner un monde (1). Dignes enfants du pieux Olier, vous m'avez enseigné les lois de la vie sacerdotale, les beautés de la sainte théologie et la pratique du zèle apostolique, je vous dois une parole de reconnaissance et d'affection ; cet auditoire si sympathique ne m'en voudra pas, si je la laisse échapper de mes lèvres. Votre cœur l'avait déjà devinée dans le mien, mais il est des circonstances dans la vie où il ne suffit pas de penser et de sentir, il faut encore répandre son âme dans l'âme de ceux que l'on vénère et que l'on aime. Je vous le dis avec tout l'amour qui porta mes premiers pas vers cet asile béni de Saint-Sulpice, guidé déjà par M. Icart, cet homme éminent dont la France catholique se glorifie à juste titre et dont Saint-Sulpice se plaît à associer le nom à celui des Olier, des Emery, des Carrière ; si vos enfants vivent loin de vous, vous restez toujours présents à leur pensée. Votre souvenir ne les quittera jamais.

Je ne vous rappellerai pas les congrégations de l'Oratoire et de Saint-Lazare, devenues elles aussi des pépinières de savants et de saints et qui continuent à honorer leurs fondateurs par l'éclat de leur mérite. Je ne vous parlerai pas de saint François de

____

(1) Renan, *Souvenirs d'enfance et de jeunesse*, p. 218 et 221.

Sales et de sainte Jeanne de Chantal établissant des maisons de la Visitation qui continuent à être l'asile et le modèle de l'éducation chrétienne. Après ces ordres illustres, je vois toute une nombreuse milice à laquelle je ne puis dire ici tout ce que son dévouement m'inspire d'admiration et de reconnaissance. Ce sont les Filles de la Charité de Saint-Vincent de Paul dont le nom est une consolation pour le pauvre et une gloire pour la France. Ces admirables femmes deviennent mères par le cœur en demeurant vierges par l'esprit. Toujours fidèles à leur incomparable fondateur, elles se font tout à tous, comme dit l'Apôtre, *omnia omnibus.* Au nom et au lieu de J.-C, elles explorent le royaume si vaste de la douleur, elles se trouvent dans les deux mondes, partout où se trouve une misère à soulager, une plaie à panser, une larme à essuyer, une souffrance à apaiser, un sacrifice à accomplir. Ce sont les Frères de la doctrine chrétienne, les fidèles enfants du vénérable de la Salle, qui lui aussi a connu la douce vertu d'Olier. Cette œuvre des écoles chrétiennes, n'est pas seulement l'œuvre religieuse par excellence, elle est en même temps et au même titre une œuvre éminemment patriotique, une œuvre au premier chef d'intérêt national et de salut social. Tout a été dit sur le dévouement et l'habileté de ces maîtres aimés et respectés, véritables héros de l'enseignement populaire.

Je viens d'évoquer de grands souvenirs, de rappeler d'illustres noms. La religion dont ils furent l'honneur, le patrie qui leur est redevable de tant de bienfaits, les pauvres dont ils furent les pères, béniront éternellement la noble et miséricordieuse mémoire de ces hommes de Dieu.

Mais à côté de ces grands bienfaiteurs de l'humanité connus et aimés de tous, je voudrais placer, en ce jour solennel, cet humble et pauvre religieux que vos cœurs et la reconnaissance de l'Eglise entourent à si juste titre d'une si grande vénération. Son nom n'est point arrivé à la grande célébrité, car la célébrité va rarement chercher ceux qui ont fait profession de fuir la gloire et dont la qualité dominante a été la modestie. S'il ne nous est pas permis de faire en présence de l'autel le panégyrique de ceux que le jugement solennel de l'Eglise n'a pas encore déclarés bienheureux, nous pouvons faire voir à la gloire de la France que le P. Barré fut une des puissances de cette nation célèbre et de ce siècle fameux.

Mais, sous le nom d'un homme, c'est une puissance plus qu'humaine que je signale.

L'une des plus grandes plaies de la France au xviie siècle était incontestablement l'ignorance religieuse chez les pauvres. La jeunesse surtout était laissée dans un complet abandon moral et perdait non seulement la foi religieuse, mais la vertu et les mœurs. Pouvait-on se croiser les bras et rester indifférent devant cette immolation de l'innocence et de la vertu ? Non, assurément, il fallait tout à côté et en face apporter le remède. L'œuvre que le vénérable de la Salle venait de créer pour l'éducation religieuse des jeunes gens, le P. Barré l'a réalisée pour les jeunes filles.

Et, puisque la fête que vous célébrez aujourd'hui, Mesdames, me commande l'éloge du vénéré fondateur de votre Congrégation, je le ferai en développant le texte que j'ai emprunté aux Ecritures : *Erat potens in verbis et in operibus*. C'était un homme puissant en paroles et en œuvres. C'est sa vie qu'il faut vous redire, c'est son nom qu'il faut chanter. Depuis deux siècles, les générations ont déjà rempli ce filial devoir. En ce jour solennel, toutes ses enfants le louent et le bénissent. Nous devons l'enseigner aux générations à venir. A Dieu ne plaise que je cherche un autre objet pour vous édifier et pour vous instruire.

Ce sujet est assez vaste ; il ne manque qu'un peu de temps pour en retracer les traits sans nombre, et le don de l'éloquence humaine pour en peindre toute la grandeur. Permettez-moi d'essayer cependant une rapide esquisse de la vie du P. Barré. S'il ne m'est pas donné de l'honorer comme il le mérite, il sera loué comme lui-même aurait aimé à l'être, si je bannis de ce discours tout éloge de convention, si j'en éloigne ces manières excessives de dire et de faire, sous lesquelles tant d'hommes essaient de dissimuler la maigreur de leurs pensées et la nullité de leurs actes ; à cette heure même où j'entreprends ce discours, je sens à votre attention et à votre recueillement, qu'à défaut de vos suffrages pour mon discours, toutes vos sympathies sont gagnées d'avance à mon sujet. Et, afin de rendre cet hommage plus digne de celui qui en doit être l'objet, je m'inspirerai de la simplicité et de la mesure qui étaient si fort dans son tempérament intellectuel et moral et qui se révèlent d'une manière si admirable dans ses lettres où nous possédons, pour ainsi dire, la meilleure partie de lui-même.

I

Nicolas Barré naquit, le 21 octobre 1621, dans la ville d'Amiens, capitale de la Picardie, à quelques pas de cette porte célèbre où le grand Thaumaturge des Gaules, saint Martin, avait rencontré le mendiant et lui avait donné la moitié de son manteau. Il appartenait à une de ces familles anciennes et bénies où l'honneur passait la richesse, et où la vertu ne se sépara jamais de l'honneur. Regardez cet enfant sur les genoux de sa sainte mère. Son premier cri est un signe de vie et de prière; dès que ses yeux s'ouvrent, le premier regard qu'il rencontre, c'est le regard pieux et pur de sa mère; le premier sourire qui erre sur ses lèvres à peine ouvertes, est un signe de reconnaissance et de bonheur; le premier son qu'il fait entendre, c'est le bégaiement du nom adorable de Dieu, et dès qu'une parole, se glissant par les tortueux canaux de l'ouïe pourra s'introduire jusqu'à son âme, qui la lui dira? encore sa mère aimée de Dieu. Ce jeune front plein d'innocence fleurit sous les baisers de la mère, ses petites douleurs s'endorment aux doux accents de sa voix. Elle murmure à cet ange de la terre le nom adorable de Jésus, et le nom si mélodieux de Marie; les deux plus beaux noms que la langue humaine puisse balbutier et qui seront toujours le refrain d'amour du sexe dévot, quoique les habitudes patriarcales tendent à s'évanouir comme *une ombre du passé*. Elle dresse cette jeune âme à l'amour du bien et avec une patience et une mansuétude inépuisables, elle sème sur ce sol mouvant et peu profond encore, elle cultive, chaque jour, chaque heure, à chaque instant et sans jamais se lasser les précieuses semences de la vertu, plantes délicates et frêles, que menacent sans cesse le souffle dévorant des passions et les orages du cœur.

Le jeune Nicolas fit voir de bonne heure qu'il était l'enfant de la grâce autant que de la nature. Il aime la prière et la retraite, et quand il s'évade de la maison paternelle, on sait dans quelle église, dans quel oratoire, et au milieu de quelle méditation sainte on pourra le trouver. A l'âge de dix ans, il obtient une grande grâce de Dieu; son intelligence et sa ferveur purent s'élever jusqu'au vœu de virginité qu'il fit en pleine connaissance de cause, que Dieu ratifia et entretint, jusqu'à la fin de sa vie, dans le pur et radieux éclat de la grâce baptismale.

Dieu avait prédestiné Nicolas. Il était doué d'une conception rapide, d'un esprit vif et ouvert, avide d'apprendre, prompt à s'assimiler ce qu'on lui apprenait. On aurait pu lui appliquer ce portrait charmant tracé par l'Esprit-Saint lui-même, dans nos Livres Sapientiaux : « J'étais un enfant ingénieux et j'avais reçu un heureux naturel : *Puer ingeniosus eram sortitus animam bonam* (1). Dieu a ses vues dans cette répartition des dons naturels de l'esprit et du caractère qui tiennent une si grande place dans l'histoire des destinées humaines. S'il fait tout ce qu'il veut, parce qu'il est tout puissant, il sait ce qu'il fait, parce qu'il est infiniment sage (2). Il avait donc ses desseins en douant cet enfant d'une intelligence précoce, servie par une énergique volonté.

Va maintenant, enfant de bénédiction, sors de ta ville natale et affronte les périls des écoles publiques. Le collège des Jésuites d'Amiens le reçoit au nombre de ses élèves. Le jeune Barré repondit de bonne heure aux avances libérales de la Providence; et, si la sagesse s'était offerte à lui, *dignos se ipsa circuit quærens* (3), il eut pour se donner à elle toute la fidélité d'une âme docile aux inspirations de la grâce. Ne peut-on pas dire, en effet, que l'amour de l'étude, quand il n'est pas séparé du don infiniment plus précieux de la foi, peut être considéré comme une des formes de cet amour de la sagesse dont la Bible nous parle en termes si divins : « *J'ai aimé la sagesse; je l'ai recherchée dès ma jeunesse, car, dans son amour est une joie pure; dans les œuvres*

(1) Sap. viii, 19.
(2) Sap. xi, 21.
(3) Sap. vi, 17.

*de ses mains réside une vertu sans tache, la vertu
est dans ses entretiens et la gloire dans ses conseils* (1). Cet amour de la sagesse est le secret des
succès constants et brillants qui accompagnèrent le
jeune Barré dans ses études classiques (2).

Plus tard, ce même amour de la sagesse devait
décider de l'avenir de l'intelligent et laborieux jeune
homme. A quelle carrière brillante dans le monde
ne l'eussent pas préparé des études aussi conscien-
cieusement faites? Mais il avait entendu un mysté-
rieux appel, une voix douce et bien aimée, et cette
sagesse divine, pour laquelle les plus nobles âmes
se sont passionnées, avait parlé à son cœur : « *J'ai
été épris de la beauté de cette sagesse, et j'ai de-
mandé de l'avoir pour épouse, et je l'ai préférée à la
puissance et aux richesses* (3). »

Avec de telles dispositions, du collège au séminaire, il n'y a qu'un pas. Rien ne l'empêchera de le
franchir, ni la sollicitation de ses parents, ni les
espérances du siècle, ni les honneurs de la terre. Il
sortira donc encore une fois de la terre natale et il
viendra à Paris à la porte de la plus humble et de la
plus pauvre communauté. C'est l'ordre des Minimes,
fondé par François de Paule, à Chaillot. Nicolas avait 21 ans quand il entra dans ce monastère,
le 31 janvier 1649. C'est là que devaient mûrir, sous
l'action de la grâce divine, et la discipline si austère,
mais si sage de la pieuse maison, les germes de sa
vocation à la vie religieuse, je veux dire, du côté
de l'esprit, l'amour de la science sacrée avec un be-

---

(1) Sap. viii, 18.
(2) On a gardé longtemps dans la famille et dans les premières
bibliothèques de la ville d'Amiens, plusieurs ouvrages d'éloquence,
de mathématiques et d'autres pièces semblables, comme des monuments et des preuves de la capacité de son rare esprit.
(3) Sap. viii, 2.

soin instinctif de la propager et de la défendre, du côté du cœur, une pureté d'ange et une piété extraordinaire, je dirai plus, héroïque. Fidèle au précepte du divin Maître qui nous invite à prier sans cesse, le saint religieux se livrait à la pratique de l'oraison. Dans sa cellule, il n'étudiait et n'écrivait qu'à genoux, il vivait dans une adoration continuelle de la présence de Dieu, et il passait des nuits entières devant le Saint-Sacrement. Déjà Dieu le combla de grâces et de joie, au milieu de ces solitaires oraisons. Il reçut bientôt le don le plus sublime de contemplation : pendant ses méditations il fut inondé des douceurs et des flammes divines de l'extase, et on le surprenait plus d'une fois à l'aurore étendu, les bras en croix, sur le pavé du sanctuaire, la tête resplendissante d'une auréole de la lumière céleste. Comme saint Philippe de Néri sentait sa poitrine se dilater sous les élans de l'amour divin, ainsi le P. Barré était plongé dans un torrent de délices.

Il était dévoré de zèle pour le salut des âmes. Il puisait dans les secrètes et intimes communications ce feu de la charité. Après cet heureux début, la congrégation des minimes reconnut facilement dans le P. Barré un de ces hommes apostoliques et choisis par Dieu même pour dispenser aux âmes des grâces extraordinaires de conversion ; et l'on comprend que sa principale fonction au couvent consistait à recevoir les pécheurs au saint tribunal de la pénitence. Il se dévoua tout-à-fait à ce sublime ministère, entendant les confessions pendant des journées entières. Par ses profondes méditations, il s'était exercé à pénétrer si avant dans les replis du cœur humain qu'il en connaissait, sans efforts, les plus intimes secrets et en voyait agir les ressorts comme à découvert. Sa bonté, sa douceur, sa charité, ses larmes

avaient, sur les pécheurs les plus endurcis et les plus
rebelles, une telle puissance que leur conversion était
assurée, dès qu'il pouvait leur parler. Les succès qu'il
obtenait au saint tribunal lui acquirent une telle
réputation qu'on venait le consulter de toutes parts,
et lorsqu'un pécheur s'obstinait dans son endurcisse-
ment, on disait à Paris, en ce temps-là : « Envoyez-
le au Père Barré, » comme l'on disait naguère, dans
la même ville : « Envoyez-le au Père Millériot. » Con-
fesseur, le P. Barré était en même temps prédicateur
infatigable autant que puissant. Il prêchait, comme
les saints savent prêcher, avec une foi ardente, avec
une profonde conviction, avec le feu de l'amour de
Dieu et du prochain. Dans ses lettres et ses sermons,
on ne trouvait pas seulement l'harmonie et l'énergie
du style, les brillants éclairs de l'imagination, mais
la vraie richesse, une nourriture abondante et subs-
tantielle, qui rassasie l'âme, qui l'agrandit et la fé-
conde des rayons de l'amour divin qui enflamment
soudainement : aussi peut-on sans adulation, lui
appliquer ces paroles que le Saint-Esprit a dites du
prophète Élie, *que ses paroles étaient comme un
éclair ardent : Verbum ipsius quasi jacula arde-
bat* (1).

Il n'en est point ainsi des orateurs de la terre
qui bâtissant des systèmes, en dehors de la révélation
chrétienne et du flambeau catholique, ne se compren-
nent pas eux-mêmes. Vulgaires penseurs, ils cachent
souvent l'indigence des idées sous la multitude des
paroles, sous les artifices d'une phraséologie pom-
peuse et sonore. Leurs discours, et je parle de ceux
qui ont de la réputation et du succès dans le monde,
ressemblent à ces vastes salles retentissantes qui ne

____

(1) Eccli. xlviii, x, 1.

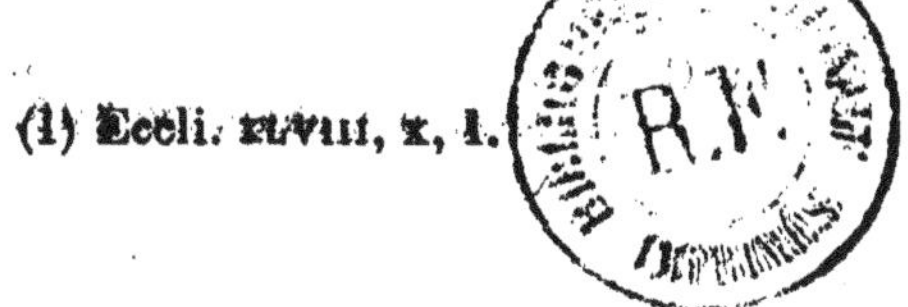

contiennent rien, sinon quelques vains échos dont l'oreille est frappée. Ce n'est point pour la vérité qu'ils travaillent, c'est contre la vérité qu'ils conspirent. Ce sont des hommes, dit Bossuet, d'après saint Augustin, qui se tournent beaucoup pour ne pas trouver ce qu'ils cherchent, qui s'enveloppent eux-mêmes dans les ombres de leurs propres ténèbres, qui soufflent sur de la poussière et se jettent de la terre dans les yeux : *sufflantes pulverem et excitantes terram in oculos suos* (1).

Enfin le P. Barré a été pendant plus de 20 ans professeur de théologie, science sacrée qu'il possédait à un degré éminent et qu'il avait puisée dans les plus belles pages des Pères de l'Eglise. Il ne se contentait pas de recueillir, quelque fidèles qu'ils pussent être, les échos de ces grandes voix que nous appelons S. Augustin, S. Thomas d'Aquin, S. Bernard, c'étaient ces grands hommes eux-mêmes qu'il consultait et qu'il s'assimilait par le travail d'analyse et d'extraits qui coûte beaucoup plus de peine que la simple lecture, mais qui rapporte ce qu'il coûte. Aussi, n'est ce pas en s'exerçant à méditer les plus belles pages des Pères de l'Eglise qu'il aurait pris l'habitude de ce style nerveux, enflammé et coloré, où il y a autant de choses que de mots, et où, à la différence de ceux qui écrivent ou parlent pour ne rien dire, à chaque mot correspond une idée? Non seulement il se nourrissait pour son propre compte de la divine sagesse, mais il en inspirait l'amour aux élèves du sanctuaire.

Malheur, dit Bossuet, à la connaissance stérile qui ne se tourne point à aimer et se trahit elle-même (2). On pourrait dire aussi : malheur à la

(1) Oraison funèbre de Nicolas Cornet.
(2) De la connaissance de Dieu et de soi-même, chap. IV, § 10.

connaissance égoïste, qui refuse de se communiquer et trahit les autres ! « Ce n'est pas pour moi seul que j'ai travaillé, dit dans la Sainte Ecriture, le chaste et laborieux disciple de la sagesse, mais pour ceux qui recherchent la vérité : *Non mihi soli laboravi, sed omnibus exquirentibus veritatem* (1), et il ajoute ailleurs : *Cette sagesse qui est la mère de toutes choses, je l'ai apprise sans déguisement et je la communique sans envie, tous les biens me sont venus avec elle, mais je ne cache point ses trésors* (2). Elles sont donc aussi inspirées par la charité, c'est-à-dire par l'amour des âmes, ces veilles, dans lesquelles, au prix de ces travaux de l'esprit où se trouve à la fois tant de joie et tant d'angoisses, des heures d'écrasement et des heures d'extase, les docteurs se préparent à rompre à d'autres intelligences ce pain sacré de la vérité et de la science qu'ils ont gagné à la sueur de leurs fronts.

Ce que je viens de dire vous suffit pour vous montrer que le P. Barré était puissant en paroles. Il fut surtout, puissant en œuvres, *potens in operibus*, c'est le sujet de ma seconde partie.

II

L'heure était venue où Dieu voulut confier à l'humble et pieux religieux le soin d'élever un monument de sa sainteté et de sa foi, et l'Eglise vit éclore la grande création du Père Barré, je veux dire, l'Institut des écoles charitables du S. Enfant

(1) Eccl. xxiv, 47.
(2) Sap. vii, 13.

Jésus. La classe indigente était en proie à un mal
funeste. L'ignorance même des devoirs les plus es-
sentiels semblait être son partage. Les pauvres y
étaient abandonnés dès l'enfance, ils grandissaient
souvent, vieillissaient et mouraient sans connaître
Dieu et sa religion. Les personnes vertueuses et le
P. Barré surtout gémissaient sur cet état lamentable.

Le P. Barré se sentit pressé d'y apporter quelque
remède. Dans cette vue, il conçut le projet de for-
mer une congrégation de femmes dont le but serait de
donner aux petites filles pauvres l'éducation chrétienne. Sa pensée s'étendit d'abord plus loin. Il
voulait aussi, dans une congrégation semblable
composée d'hommes procurer aux enfants du sexe
masculin le même bienfait; mais il était réservé
comme nous l'avons dit plus haut, au Vénérable de
la Salle de réaliser cette dernière pensée en insti-
tuant les Frères de la Doctrine Chrétienne. Après
avoir médité la première partie de son projet pendant 10 ans, le P. Barré en fit, à Rouen, les premiers essais, en 1666. Il entreprit de créer des espèces de séminaires ou l'on formerait des maîtresses
d'école. Plusieurs jeunes filles répondirent à l'appel du
pieux P. Barré et entrèrent dans la congrégation nais-
sante. Cet Institut « a pour origine le cœur de Dieu
même (1). » « Il consiste principalement pour tous
les sujets qui l'embrassent, à travailler efficacement
et sans relâche à leur propre sanctification, et à l'entière perfection de leur intérieur, par l'acquisition de
toutes les vertus, dans l'espérance d'être attirés de
Dieu, et élevés, par son saint Esprit et sa grâce, à

______

(1) Voir *l'Esprit de l'institut du Saint-Enfant Jésus, ou l'esprit du R. P. Barré, son bienheureux fondateur*, tiré de ses
écrits expliqués par le R. P. Sauva, religieux Minime.

l'instruction du prochain, *en éclairant leur entende-ment et changeant leurs mœurs* (1). » Tout est beau, tout est grand, tout est édifiant dans les statuts et les règlements de cet Institut. Le P. Barré lui a insinué ce qu'il avait si supérieurement en lui-même : la simplicité, et en même temps, la puissance, un je ne sais quoi d'onduleux, de distingué, de facile qui se prête aux légitimes exigences de la société, mais aussi un esprit religieux inébranlable, une fidélité aux règles, un amour de la perfection que rien ne détourne, ne fatigue, ni ne rompt. Je ne connais pas d'œuvre plus réellement populaire dans son principe, puisque c'est au peuple qu'il s'agit de venir en aide, à ce peuple de France qui aime son Dieu et ses enfants, qui aimant son Dieu ne veut pas qu'il soit inconnu de ses enfants, qui aimant ses enfants ne veut pas qu'ils soient privés de Dieu. Mais l'éducation que l'on distribuait aux plus petits de ce peuple, aux humbles, aux pauvres, à ceux qui travaillent et qui peinent, excitait tellement l'admiration qu'elle fut enviée des grands et des riches qui lui décernèrent à l'envi les éloges les plus enthousiastes. Le succès répondit à ses espérances. On reconnut bientôt l'importance et l'utilité de la nouvelle institution et des personnes notables dans le clergé, dans la noblesse et dans la magistrature la favorisèrent de leur crédit et de leurs libéralités ; toutes travaillèrent avec zèle à la propager (2).

---

(1) *Ibid.*

(2) Parmi ces personnes, on distingue M. A. de Servien de Montigny, M. le curé de S. Amand de Rouen, MM. de Touvens, de Funechon, de Grinville, conseillers en la Grande Chambre, et de M. d'Epiney, secrétaire du Roy et célèbre avocat du Parlement de Normandie.

Voir *Notice sur l'institut des Ecoles charitables du Saint-Enfant Jésus, dit Dames de Saint-Maur,* et spécialement le journal du R. P. Thuillier.

Les difficultés surgirent, mais, Dieu était avec lui. Il a agi avec le P. Barré comme avec tous les saints. Regardez ce saint : Dieu, le charge à travers les siècles de quelque grande mission, il le prend, il le fait grandir, puis il le jette dans des difficultés surhumaines. Je vois ce saint, qu'il s'appelle S. Vincent de Paul, S. François Xavier, S. Ignace de Loyola, n'importe : devant lui les obstacles s'abaissent, c'est un triomphateur, il marche à travers les impossibilités, avec une force toujours victorieuse, avec un élan que rien ne peut briser. Dieu bénissait tant de courage et tant de dévouement, et n'allez pas vous étonner si je vous dis que c'est à Paris que le Père Barré transporta et fixa définitivement le *centre et le cœur* de sa Congrégation.

Après Rome, la ville éternelle, la capitale du christianisme, la France est à la tête du monde, et Paris est le cœur de la France. C'est de Paris qu'a rayonné longtemps la civilisation sur notre patrie et sur toutes les nations du continent européen. Pendant plus de deux siècles, les plus graves intérêts des peuples ont été agités à Paris. Cette grande cité gouverne encore aujourd'hui toutes les races par la puissance du génie, de l'intelligence et de la pensée, et par l'expression de toutes les idées bonnes ou mauvaises. Vainement aujourd'hui voudrions-nous nier, paralyser, circonscrire, rendre nulle son autorité, nous sommes contraints de la subir. Paris comme le géant de la fable ne peut se remuer sur sa couche sans ébranler, et de toutes parts, c'est de cette ville suzeraine des états, des royaumes et des empires qu'on attend le mot d'ordre et le signal. En tout temps, Paris a été et restera le centre, le foyer des inspirations patriotiques et des prodiges de foi, des œuvres de dévouement et de charité qui égalent et surpassent ce qui peut se concevoir de plus beau et de plus sublime. En ce siècle blasé encore, chaque fois qu'une œuvre d'artiste s'inspire de l'idéal et vole au-dessus des réalités triviales ou d'un point de vue purement humanitaire, elle est applaudie comme un soulagement humain.

Appelé à Paris par ses supérieurs en 1675, le Père Barré y fonda deux ans après, son second établissement sur la paroisse de Saint-Jean-en-Grève (1) d'où il fut transporté au faubourg Saint-Germain, sur la paroisse de Saint-Sulpice.

En 1678, il y créa un séminaire en règle, pour la formation de ses maîtresses charitables. Ce berceau de l'Institut était situé dans la rue de St-Maur, aujourd'hui rue des Missions, et toujours depuis il a continué d'être son chef-lieu et sa maison de noviciat. De ce nom primitif, est venu celui des Sœurs ou Dames de Saint-Maur, que l'on donne toujours aux maîtresses charitables du Saint-Enfant Jésus (2).

Je ne m'étonne pas de trouver dans cette congrégation ce qu'il y a dans le monde des femmes de plus éminent et de plus illustre, je ne m'étonne pas d'y rencontrer beaucoup de dames d'un haut rang qui consacrent à la jeunesse tout ce qu'elles possèdent de force, de talent, de courage, de santé et de vie. Si au moins le P. Barré n'était plus jeune, son œuvre l'était; et la jeunesse, vous le savez, est l'âge des rêves heureux et des perspectives séduisantes. Il faut un peu de mirage trompeur au commencement des entreprises difficiles, sinon l'élan et l'entrain manqueraient, la prévision des obstacles arrêterait les courages. Le Père Barré envisagea l'avenir avec une

____

(1) Voir *Précis historique de l'origine de cet Institut en* 1666 *et de son développement jusqu'en* 1872. — Paris. Imprimerie Jules Le Clerc et Cie, rue Cassette, 29.
(2) Ibid.

entière confiance! Vous partagerez cette disposition d'esprit, lorsque je vous aurai mis au courant de ce que j'appellerai volontiers le mouvement de l'Institut pendant les premières années. La mécanique rationnelle estime le mouvement des corps en calculant les espaces parcourus pendant l'unité de temps. L'espace au Père Barré, c'est l'étendue de son action, qui, grâce à Dieu, a suivi une marche progressive. Nous pouvons en juger par le grand nombre d'écoles charitables qui s'ouvrent partout. Je les vois établies à Saint-Eustache, à Saint-Roch, à Saint-Laurent, à Saint-Louis-en-l'Ile et, que sais-je, dans les plus grandes paroisses de la capitale. Et votre Noviciat, Mesdames, et le gouvernement de votre Institut, et votre première supérieure générale s'installaient dans cette vénérable demeure qui, après deux siècles, est encore aujourd'hui l'asile sacré, le jardin mystique, clos et fermé aux profanes, toujours arrosé des eaux de la sagesse. Là, vous vous êtes réunies comme autant d'aigles mystiques qui ont pris leur essor vers l'éternité; là, vous avez dit adieu au monde et à ses plaisirs pour vous consacrer tout entières aux intérêts de Dieu et à l'éducation chrétienne de la jeunesse.

Cette création, forte en même temps qu'aimable et suave fut accomplie, je veux dire la Congrégation était fondée. En 1681, le R. P. Barré acheva de régulariser la pieuse Association, en lui composant des statuts, qui furent imprimés pour la première fois quatre ans après. Vous savez, Mesdames, de quelle manière votre Père s'appliqua à la formation de cette bien-aimée Congrégation. Vous seules pouvez dire ce qu'il vous a donné de son cœur, ce qu'il vous a inspiré de sa sagesse, ce qu'il vous a partagé des riches tresors d'une nature d'élite, et, s'il m'était possible de développer ici cette correspondance volumineuse qui fait votre admiration à toutes, alors que ces pages saintes et bénies passent devant vos yeux, ah! comme je pourrais lui appliquer ce mot de l'Evangile : « Comme il vous a réunies sous ses ailes, » comme vous êtes bien les filles de son cœur, le fruit de sa sainteté, l'écoulement des trésors de grâces que Dieu avait versées à profusion dans son âme !

L'ouvrier avait bien mérité son salaire, et Dieu l'a récompensé dès ici-bas d'une si sainte vie par une mort sainte et comblée de grâces. Comment Dieu l'appela-t-il à lui? Comment a-t-il quitté son œuvre ? Je lis dans l'Ecriture que la mort des saints est toujours précieuse devant Dieu ; mais Dieu, dans cette mort de ses élus, a mis la même variété que dans ses plus belles œuvres. Les saints meurent tous avec une majesté incomparable. Certes, j'admire ce grand fondateur d'Ordre, donnant à sa mort une solennité sainte. Le 24 mai, à onze heures du matin, il tomba gravement malade. Il avait dit la sainte messe, le même jour à 7 heures, et ce fut pour la dernière fois. Il pouvait s'appliquer les paroles que Jésus-Christ avait adressées à son Père avant de quitter le monde : *Pater manifestavi nomen tuum hominibus, opus consummavi quod dedisti mihi... nunc autem ad te venio.* Père saint, j'ai fait connaître votre nom aux hommes. J'ai achevé l'ouvrage que vous avez confié à mes soins. Il est temps que j'aille à vous, ô mon Seigneur et mon Dieu, *Dominus meus et Deus meus...* On était à la veille de la Pentecôte. Le moribond allait quitter la terre et célébrer dans le ciel le jubilé de l'éternelle gloire, et du crépuscule de la vision énigmatique d'ici-bas, il entra dans la pleine lumière de la gloire. Voyez-le étendu sur son lit de gloire, la famille entière est là, et ce père qui part pour les demeures éternelles, jette avec une splendeur suprême, avec une incomparable autorité, un dernier regard sur ses enfants, leur laissant d'augustes paroles, leur traçant des règles solennelles, faisant tomber sur elles une grandiose bénédiction, « dites-le bien à mes filles, leur « établissement est un petit corps dans l'Eglise, « je dirai au Saint-Esprit qu'il faut qu'il l'anime « toujours ; c'est une école, qu'il en soit toujours le « maître ; c'est un escadron que j'expose contre ses « ennemis, qu'il soit toujours à sa tête pour le con-« duire. » Voilà, Mesdames, voilà bien la vie et la mort de votre vénérable Fondateur. Malgré les tentations du démon dont il était apparemment agité, des témoins de sa maladie assurent néanmoins que les transports de son amour continuèrent jusqu'à sa mort, et que ce fut dans ces mouvements tendres et extatiques que son âme se sépara de son corps, pour se perdre dans le sein de Dieu, vers midi, le 31 mai 1686, veille de la Pentecôte.

Mourir pour lui n'était rien et ce n'était pas mourir. Ah ! vous avez dit le mot : là est l'incomparable cachet de cette mort. Il n'abandonnait rien, il ne partait pas, il s'en allait vers Dieu qu'il n'avait jamais quitté. Dieu se chargera de sa Congrégation. Votre règle est là, Mesdames, et Dieu est avec votre règle. D'ailleurs, il vous dirigera après sa mort comme avant, il s'en va devant Dieu continuer l'œuvre qu'il a si bien commencée ici-bas; pour lui, la mort n'est pas la mort, le départ n'est pas le départ ! Oh! que c'est grand! Oh! que c'est profond! Oh! que c'est divin! Le prophète est au ciel, mais son esprit est sur la terre, comme son esprit et sa vie sont dans son œuvre.

A la mort du vénérable fondateur, M. l'abbé de Montigny-Servien, qui avait été dans cette œuvre son zélé collaborateur, prit la direction de l'Institut, et après lui, elle passa aux supérieurs des missions étrangères, entre les mains desquels elle resta habituellement jusqu'à la Révolution (1). Sorti du cœur adorable de Dieu, cet Institut ne pouvait périr. Avec une origine si noble, que ne devait-il pas attendre de la protection du ciel! Aussi, bientôt les effets surpassent les espérances; c'est la semence dont parle l'Evangile qu'on voit croître, se développer, s'étendre et devenir un grand arbre, sur lequel viennent se reposer les oiseaux du ciel. Plusieurs évêques s'empressèrent de faire venir des religieuses du Saint-Enfant Jésus dans leurs diocèses Je vous vois répandues, Mesdames, sur tout le sol de la France! En 1681, Mlle de Guise vous appelle dans toutes les villes et bourgades de ses immenses propriétés. Je vous vois aux pieds de N.-D. de Liesse. En 1685, Louis XIV vous appelle dans le Poitou, l'Anjou et les autres provinces déchirées par l'hérésie, pour instruire les nouvelles catholiques et pour convertir les autres hérétiques. En 1700, Mme de Maintenon vous confie la direction des jeunes personnes de la maison royale de Saint-Cyr : « Mais l'Institut renonça bientôt à ce poste, qui n'allait pas à la modestie de son but. » Vous ouvrez des écoles à Bordeaux, à Toulouse, à Montpellier, à Nîmes, à Marseille, à Toulon et dans un grand nombre d'autres principales villes de la France. En 1776, le célèbre pensionnat de Lévignac, formé sur le modèle de celui de Saint-Cyr fut mis sous votre direction. Tels furent les accroissements de cet Institut qu'à la Révolution il

____

(1) Deux d'entre eux, MM. Bailli et Tiberge, jugèrent utile de mettre en ordre les premiers statuts et règlements, et on les imprima dans cette forme nouvelle qui, depuis, est restée en vigueur dans la Congrégation. Aujourd'hui, c'est M. l'abbé Pelgé, archidiacre de Saint-Denis et vicaire général de Paris, qui est supérieur de la Congrégation.

comptait dans le royaume 100 maisons de son ordre et à peu près 600 religieuses en exercice et répandues dans trente-cinq diocèses de France. Mais voici venir le grand cataclysme qui à la fin du siècle dernier, s'abat sur la fille aînée de l'Eglise et sépare la science de la foi. Le 18e siècle opéra ce lamentable divorce. Il voulait séparer ce que Dieu avait uni : il arma toutes les sciences contre le ciel ; entreprise insensée, qui eut son expression dans ce monument encyclopédique, lequel, par l'orgueil ou l'impuissance, rappela l'antique Babel. Il fallut que Dieu allumât ses foudres, qu'il confondît une seconde fois le langage humain, qu'il livrât à l'anarchie et aux plus sanglantes divisions cette nation, égarée par ces superbes ennemis de Dieu ; et quand le siècle finissait, on la vit, cette nation si polie et si savante, tomber ignominieusement avec lui et s'enfoncer dans les abîmes les plus ténébreux. Hélas ! que de ruines se sont amoncelées en peu de temps ? Que d'abbayes, que de couvents ont été démolis sous les coups du marteau de la Révolution ? Que d'institutions séculaires se sont écroulées au milieu des sarcasmes et des blasphèmes des libertins ?

Mais jetons un voile sur ces jours de deuil, sur ces scènes lamentables d'un peuple en délire, quand le paganisme triomphant semblait vouloir se venger des anciennes victoires du christianisme, et marqués de son nom, souillait de son apothéose ces murs consacrés à la gloire de Dieu et au salut des âmes.

Quand on considère des hauteurs de la religion les évènements de ce monde et surtout ceux de la Révolution, on est frappé de deux grands spectacles : d'un côté, les révolutions des empires, la figure toujours mobile des choses humaines, et de l'autre, au milieu de ces changements et de ces ruines, l'Eglise éternellement debout. Les orages se déchaînent souvent contre elle, les flots se soulèvent, la tempête quelquefois submerge ce roc sur lequel une main divine l'a fondé; mais bientôt le calme renaît, les flots échoués reprennent leur lit, l'Eglise reparaît radieuse, moins ébranlée qu'affermie et fortifiée par ces secousses. Que de révolutions sociales et politiques elle a vu passer! Que de constitutions qui devaient être éternelles, elle a vu mourir! Les siècles, dont tout ce qui est terrestre et humain subit l'injure, s'écroulent devant elle sans l'altérer, sans laisser une ride sur son front. Sa constitution qui a dix-huit cents ans de durée n'a jamais eu besoin d'être changée ou seulement restaurée. Elle est immuable comme la vérité dont elle est ici-bas l'expression. *Et veritas Domini manet in æternum.* Oui, ce sont de grands spectacles et de grandes leçons. Les destinées des œuvres catholiques sont celles de la religion elle-même. Quand la religion est outragée, elles se relèvent avec elle, et refleurissent avec elle, quand le temps des grandes crises est passé. Telle fut la destinée de l'Institut du P. Barré.

Après l'effroyable tourmente révolutionnaire l'Institut se releva et sortit de ses ruines. Comme pour mieux réparer l'impiété commise, il s'éleva sur les assises où il reposait naguères. De nouveaux établissements furent formés : ici les maisons des réguliers lui furent rendues, là les sœurs les rachetèrent elles-mêmes, partout Dieu a béni l'œuvre. Cette résurrection de l'Ins-titut lui fit bientôt recouvrer tous ses établissements à Paris, à Bordeaux, à Montauban, à Montpellier, à Toulouse, à Béziers, à Nimes. L'esprit de cet Institut conserva toujours la même vigueur, aussi il lui attira de nombreuses vocations qui lui permirent de créer de nouveaux établissements à Langres, à Wassy, à Louhans, même hors de France et jusqu'aux Indes-Orientales, où l'on a fondé les maisons de *Singapore*, de *Pulo-Penang*, et de *Malacca*.

Ces restaurations ne furent pas longtemps sans constituer de nouveau leur société. Ce ne fut qu'en 1806, que les sœurs guidées par M. l'abbé de Jauffret, devenu plus tard évêque de Metz, tinrent une assemblée. Une supérieure générale y fut élue : les promesses de suivre les constitutions et règlements y furent renouvelées, et les membres réunis à leur chef, revécurent de leur vie. La même année, la Congrégation fut reconnue par l'empereur Napoléon Ier et autorisée à porter son habit particulier et à vivre selon les règles et l'esprit de son Institut.

Ce n'est pas tout. Il manquait à votre Institut cette sanction suprême qui est le gage de la durée et de la vitalité pour les œuvres chrétiennes. En 1866, Rome vit arriver, portant dans ses mains vos saintes règles, la Révérende Mère de Faudoas, supérieure générale. Elle venait soumettre à l'approbation de N. S. P. le Pape Pie IX, d'illustre et pieuse mémoire, l'institut des écoles charitables du Saint-Enfant Jésus. Le grand Pontife la reçut avec une bonté toute paternelle et par un rescrit donné, le 21 novembre 1866, il approuva la Congrégation du R. P. Barré, et autorisa les religieuses à se lier par les vœux d'obéissance, de chasteté et de pauvreté.

En même temps, comme leurs constitutions avaient besoin d'être modifiées selon ce nouvel état de choses, la Sacrée Congrégation des Evêques et Réguliers leur traça les principes d'après lesquelles il fallait rédiger ces mêmes constitutions pour être soumises à l'approbation du Saint-Siège. La Révérende Mère de Faudoas consacra à cet immense et difficile travail tout ce qu'elle possédait de talent, de science, de santé et d'énergie. Elle alla une seconde fois à Rome, le 16 juillet 1872. Son œuvre lui valut les plus grands éloges de la part de la Sacrée Congrégation des Evêques et Réguliers ; et après avoir reçu deux fois du Saint-Père une bénédiction spéciale pour elle et pour son Institut, cette vénérée Mère rentra à Paris le 10 août de la même année, apportant le décret d'approbation signé de Sa Sainteté Pie IX, le 28 juin 1872 (1). Désormais votre Institut était attaché au roc inébranlable de Pierre par ces liens indissolubles qui bravent tous les orages. Et aujourd'hui vos sœurs ne couvrent pas seulement de leur influence chrétienne le sol de la France, mais je les trouve dans l'Espagne. Je devrais maintenant franchir notre Europe et vous montrer les Filles du P. Barré, en Chine, dans le Japon, à *Yokohama* (2), en Orient. Ah ! la terre d'Orient ! Cette terre où tous les grands souvenirs de la primitive Eglise sont déployés, ce sol mille fois sacré que les pieds du Fils de Dieu ont foulé, cet Orient qui est le premier né des élus de Dieu, il est peu à peu couché dans la poussière et ses grandes voix se sont éteintes. Mais vos sœurs, est-ce qu'elles n'y sont pas pour y développer les germes d'une vie nouvelle, pour y réveiller cette poussière vénérable.

Mais où m'arrêter dans ma course qui se fait immense ? Il faut finir pourtant.

Vous m'en voudriez, et je n'aurais pas accompli ma tâche, si je descendais de cette chaire sans vous dire un mot de la Communauté de Saint-Maur de Langres, l'une des plus pures gloires du diocèse.

(2) Parmi les personnes qui encouragèrent et soutinrent le zèle de la Révérende Mère de Faudoas, nous devons citer un éminent prélat, Mgr Chigi, nonce apostolique de France.

(1) Monseigueur Petitjean, évêque de Myriophite, vicaire apostolique du Japon, demanda quelques unes de ces sœurs pour fonder une maison.

Un tableau chronologique des évêques de Langres place l'établissement de la communauté du Saint-Enfant Jésus, en 1801, sous l'épiscopat de Monseigneur Henri Reymond, évêque de Dijon et de Langres (1). La communauté de Saint-Maur de Langres fut fondée par Madame Liégault. Madame Liégault est née à Langres, sur la paroisse Saint-Amâtre, aujourd'hui la paroisse de Saint-Martin, le 4 mars 1764. Elle est entrée à la maison mère de Paris, pour y faire son noviciat, au mois de mars 1778 et l'on suppose que c'est en 1780 qu'elle a fait profession. Elle fut envoyée à Prully, en 1780 ; à Saint-Maixent (Deux-Sévres), en 1783. Elle se trouvait à Bordeaux lorsque la Révolution de 1793 éclata. La persécution l'ayant forcée de se réfugier à Langres, sa ville natale, Mme Liégault vint habiter une maison de la rue Saint-Pierre. Ce ne fut point une femme d'imagination ou d'enthousiasme, ni une chrétienne de sensibilité ; âme courageuse et ferme elle fut grande et vraiment forte par la foi.

Je n'ai pas à vous raconter ici toute sa vie. Madame Liégault était une femme vraiment remarquable au témoignage de tous, une de ces vraies religieuses qui par l'intelligence et le cœur font aimer le bien, en lui prêtant le charme de leur distinction et de leur grâce. Douée d'une imagination ardente, animée d'une piété angélique, Mme Liégault consacra à Dieu tous les dons qu'elle avait reçus de lui, et les fit servir utilement à l'une de ces œuvres que le Christianisme seul fait voir à la terre. Après avoir vu sa fortune dissipée au milieu de nos orages politiques, presque in-

(2) Les deux diocèses n'en formaient qu'un à cette époque.

digente elle-même, ses propres malheurs ne font que
la rendre plus sensible à ceux de ses semblables.
Elle est surtout vivement touchée de cet état d'abandon où se trouve l'enfance pauvre; elle ne pense pas
sans frémir aux dangers sans nombre qui environnent leurs tendres années ; elle tremble sur le sort
de leur âme, son zèle s'enflamme à la vue des maux
de ces innocentes créatures, et lui inspire le dessein
d'aller à leur secours. Mais où trouvera-t-elle des
ressources? Oh, les âmes de Dieu ont des secrets ignorés du reste des hommes ! faibles de
leur propre nature, mais fortes de la force même de
Dieu, elles savent triompher de ces obstacles où vien-
draient échouer la prudence et même la puissance
humaine.

Après la tourmente révolutionnaire, Madame Liégault a besoin de coopératrices : le ciel lui en sus-
citera qui seront dignes d'elle; elle ne peut se passer
de ressources pécuniaires, eh bien ! la Providence
aura pour elle des trésors toujours ouverts. Elle
se contenta d'abord d'une chambre, d'un vrai gre-
nier pour y recevoir les petites filles à moitié aban-
données et leur donner une éducation chrétienne. Vers
1807, Madame Liégault fonda un externat qui pro-
mettait de devenir très prospère, dans la rue de la
Trésorerie. Le 18 novembre 1807 son établissement
est reconnu par le gouvernement. En 1817, Madame
Liégault dut chercher un local plus vaste, le nombre de ses élèves allant toujours croissant. Elle quitta
la rue de la Trésorerie pour s'établir dans la rue des
Cours. Son pensionnat reçut les encouragements des
personnages les plus illustres de cette époque. En
1828, Madame la duchesse d'Angoulême honora de
sa visite cet établissement qui se faisait gloire d'être
placé sous sa protection. Loin de s'enorgueillir, la
Communauté s'en servit au contraire pour entrer de

plus en plus dans l'esprit de son saint fondateur (1).
Le 14 octobre 1820, Monseigneur Dubois permit que
les offices divins fussent désormais célébrés dans la
chapelle de la Communauté. Le 24 janvier 1823, Madame Liégault fut nommée supérieure générale de la
Congrégation, en remplacement de Madame Goulard,
décédée le 21 décembre 1822. Ce n'est qu'après bien
des hésitations suscitées par sa profonde humilité,
que Madame Liégault acceptait le gouvernement de
l'Institut de l'Instruction charitable du Saint-Enfant
Jésus. A partir de ce moment les supérieures se suc-
cèdent dans la Communauté de Langres (2). Au mois
de septembre 1829, Madame Liégault revint à Langres. Sa santé ne lui permettant plus de continuer
les fonctions si importantes que lui imposait sa charge
de supérieure générale, elle vint se reposer dans la
Communauté qu'elle avait fondée. Comment décrire
l'accueil fait à Madame Liégault ! Son souvenir était
resté gravé dans tous les cœurs des habitants de
Langres. Il n'est pas de genre de misères qu'elle n'ait
soulagées, point de malheurs qu'elle n'ait consolés.
Parmi vous, habitants de cette cité, il en est peut-être
quelques-uns qui ont eu le bonheur de voir et de
connaître celle dont je me plais à vous entretenir,
et qui en ce moment ne se rappellent pas sans
quelque attendrissement les marques qu'elles ont

---

(1) En reconnaissance de la protection particulière accordée par
la famille royale, deux médaillons, avec armes des Bourbons, que
l'on voit encore maintenant, ont été placés dans le chœur de la
chapelle aux deux côtés de l'autel.

(2) La première fut sœur Saint-Bernard Lucey, devenue plus
tard assistante de la supérieure générale. La 2º fut sœur Saint-
Philippe de Vaquié. La 3º sœur Saint-Léon Serce. En 1827, la 4º
sœur Saint-Xavier Perrin. En 1841 ou 42, sœur Saint-Remy Bis-
sert. En 1845, sœur Saint-Jean Viguier. En 1850, sœur Saint-Louis
Baissey. Eu septembre 1854, Mère Saint-Régis. Depuis 1879, sœur
Saint-Maurice.

reçues de sa touchante bonté. Vous ne m'accuse-rez pas d'exagération, si je vous dis qu'elle a em-brassé tous les besoins comme toutes les condi-tions et tous les âges, l'enfant au berceau comme la vieillesse sur les bords de la tombe. En 1841 ou 42, Madame Liégault, affaiblie par l'âge, rega-gnait la capitale, désirant d'un grand désir de sanc-tifier le reste de ses jours dans le berceau de sa vie religieuse.

Elle n'est plus cette femme forte, mais elle vit dans vos cœurs. Ah! sans doute, le silence s'est fait sur cette tombe, mais l'oubli jamais. Le souvenir de Ma-dame Liégault est un de ceux qui ne périssent pas. Sa conduite fut l'application vivante des grands et forts principes de direction laissés par le P. Barré. Il serait difficile de dire tout ce qu'elle dépensa de force, d'activité, de générosité, et d'amour au ser-vice de cette noble cause. L'histoire de la Congréga-tion de Saint-Maur à Langres devient un peu son histoire, et il suffit de relire les annales de l'Institut pour savoir quelles furent depuis 1792 jusqu'à sa mort, ses préoccupations et ses affections, avec quel intérêt, dans quelle mesure large et généreuse elle exerça l'hospitalité en faveur des pauvres de Jésus-Christ. On le sait à Langres, et les habitants recon-naissants ne l'oublieront jamais.

Vous, Mes Dames, vous continuez avec un zèle et une abnégation au-dessus de tout éloge l'œuvre ad-mirable de Madame Liégault. En agissant ainsi, vous honorez votre Père tendre et dévoué qui vous a légué la sainteté de sa vie comme une leçon et un encoura-gement, qui du haut du ciel veille encore sur vous et continue d'aimer cette Congrégation qui lui fut si chère. Le spectacle seul de cette assemblée d'élite, la vue de cet appareil inaccoutumé de fête, dans cette chapelle dont les riches ornements et les chants si suaves et si harmonieux redisent de mille manières les vertus et la gloire de ce grand serviteur de Dieu, sont l'expression des sentiments qui vous animent envers le P. Barré, en sorte qu'en interprétant vos pensées et vos regards, il ne me reste plus qu'à m'écrier pour me mettre à l'unisson du temple et de l'auditoire : Non la mémoire du P. Barré ne s'effacera jamais, non, il n'y a pas une seule génération qui ne mettra sa gloire à proclamer et à bénir le nom de cet homme de Dieu! *Non recedet memoria ejus.*

Monseigneur,

Votre présence n'ajoute pas seulement à l'éclat de cette solennité, mais lui donne en outre un caractère particulier et touchant qui n'échappe à personne. Oubliant ce que vous devez à une santé qui intéresse tout le troupeau, vous n'avez écouté que la voix de votre cœur, vous avez daigné vous arracher à vos grands et nombreux travaux, pour rendre au P. Barré l'hommage de votre vénération et donner à ces Dames et à ces chères enfants un témoignage public et solennel de pieuse sympathie et d'affectueux respect. Vous apportez ici tous les trésors de votre sagesse et toutes les bénédictions qu'un épiscopat, qui ne fait que commencer, mais qui se remplit déjà d'honneur et de mérites, peut obtenir du ciel pour une des Communautés les plus anciennes et aussi les plus chères à votre cœur d'Evêque. Ce faisant, vous ne faites que marcher sur les traces de vos illustres prédécesseurs en qui la Communauté du Saint-Enfant Jésus trouva toujours les pères les plus tendres et les plus dévoués (1).

(2) Particulièrement NN. SS. Dubois, Parisis, Mathieu, Guerrin, Bouange.

Et vous, Mesdames, dignes enfants du P. Barré, vous qui jouissez de la présence de Mgr comme d'un bienfait, vous lui rapportez après Dieu, la joie et l'honneur de cette journée en vous félicitant que votre modestie *voulue et systématique* soit précisément ce qui l'attire et le charme. La place importante que vous occupez dans les trois villes principales du diocèse, à Langres, à Chaumont et à Vassy, et les nombreux services que vous y rendez chaque jour aux riches et surtout aux déshérités de la fortune, vous donnent un droit particulier à sa sollicitude pastorale, et quand il voit avec quelle délicatesse et au prix de quels sacrifices vous lui venez en aide dans l'œuvre si grande du salut des âmes et de l'éducation de l'enfance, il se sent plus étroitement obligé à vous offrir avec l'appui de son autorité, les conseils d'une religieuse et paternelle affection. Certes, l'histoire de l'Église de Langres compte dans son passé de belles pages. Personne ne me contredira dans cet auditoire, si j'assure que la page qui racontera les prodiges accomplis par la Congrégation des Dames de Saint-Maur, pour l'éducation chrétienne de l'enfance, sera parmi les plus belles. La postérité en lira avec un respect ému le récit glorieux, comme nous nous édifions aux témoignages de la foi de nos pères. Et vous aussi, Messieurs (1), l'honneur et la gloire de la chaire épiscopale, vous, dont après Sa Grandeur, il nous est si doux d'interroger l'expérience, de consulter la sagesse, d'espérer l'attachement, d'imiter les vertus, vous avez tenu à l'exemple de vos saints et dignes devanciers (2), que nous ne nommerons pas, leur nom est sur nos lèvres, et leur souvenir

---

(1) MM. Hutinel, Ravry, Perriot.
(2) M. Barillot, grand vicaire, M. Vouriot, grand vicaire, MM. Demongeot, Bellouet, directeurs au Grand-Séminaire.

est dans votre cœur, vous aussi, vous avez tenu, dis-je, à donner aux filles du Père Barré une preuve éclatante de votre vénération et de votre sollicitude. Il ne m'appartient pas de louer ici votre mérite, mais ce que je me plais à proclamer tout haut, au risque de blesser votre modestie, ce sont les qual tés brillantes qui vous environnent de tant de gloire, et dont l'éloge ne peut être suspect même dans notre bouche, puis que tous les prêtres du diocèse semblent, pour en parler, emprunter le langage du respect le plus profond et de la plus tendre amitié.

Soyez bénis, habitants de cette catholique cité, pour ce concours si unanime, si intelligent et si pieux que vous prêtez en cette circonstance unique dans vos plus belles annales. Votre ville a revêtu, en ce jour, comme un air de fête que nul ne peut voiler ni méconnaître, et cela seul porte dans l'âme je ne sais quelles impressions de joie et de contentement.

Ah ! le 31 mai 1886 ne sera pas oublié parmi vous, il laissera un impérissable souvenir. Ces Dames sont des maîtresses habiles dont la bonté égale le talent et la sagesse ; elles se dévouent à l'éducation de vos enfants avec un zèle sans bornes, et elles ont la consolation si douce de voir leurs efforts couronnés par le succès. En ce moment, votre reconnaissance les entoure, c'est le plus doux tribut que vous puissiez leur offrir, car jamais vous n'apprécierez assez les services que la terre ne peut payer.

Un jour, dit le Père Lacordaire, je passais dans la ville d'Alexandrie, en Piémont. Un homme vint à moi me prit la main et me dit : « P. Lacordaire, je vous veux du bien... » Je ne connaissais pas cet homme, ajoute l'éloquent Dominicain, je ne sais pas son nom, j'ignore ce qu'il est et ce qu'il est devenu, et cependant son souvenir est gravé dans mon cœur, je l'emporte partout avec moi. »

Le bien que cet étranger voulait au P. Lacordaire, sans le connaître, il vous faut le vouloir pour cet Institut que vous connaissez. Le diocèse y envoya des sujets distingués parmi lesquels brille la mère des Barres. La mère des Barres naquit à Coiffy-le-Chatel (Hte-Marne), le 5 janvier 1726. Elle sortait d'une illustre et ancienne maison, dont les ancêtres n'étaient pas moins distingués par leur piété que par leur valeur et les grades dont ils avaient été revêtus dans l'ordre militaire. Cet Institut est un des ornements de la cité de Langres. Quelques-unes de vos enfants y ont enseigné, y enseignent encore, vos filles y reçoivent la haute éducation chrétienne et intellectuelle, votre vénéré Evêque en est le Protecteur, la renommée le recommande; il y a ici tous les sentiments et tous les liens de l'amitié, de la parenté, de l'affection et de la reconnaissance. Le prenier sentiment qui s'éveille dans l'âme de l'artiste chrétien, après avoir achevé son ouvrage, c'est de l'aimer et d'en rendre grâce. Un compositeur célèbre, dont les ouvrages n'ont pas vieilli, et sont encore admirés de tous les connaisseurs, l'illustre et savant Chérubini, n'a écrit aucune page de musique religieuse, si courte qu'elle fût, sans la commencer par ces mots : *Laus Deo !* Louange à Dieu. Votre premier devoir envers ces Dames, c'est de leur vouloir du bien, c'est de les aimer, c'est de remercier Dieu des bienfaits que vous en avez reçus.

Que dirai-je encore? Car dès qu'on touche à cette merveilleuse économie des Congrégations religieuses, on fait un peu comme Moïse, on touche au rocher d'où jaillissent des flots inépuisables et toujours plus profonds. Que dirai-je enfin, à vous, mes chères enfants, pour enflammer votre gratitude. Est-ce que ma parole compte auprès de votre présence au milieu de nous. Consultez ici vos cœurs et dites-nous s'ils ne parlent pas bien mieux que je ne pourrais le faire dans ce discours, dites-nous ce que vous sentez de respect et d'amour pour celles qui prennent un si tendre soin de vos premières années.

Pourriez-vous ne pas répondre au zèle de vos dignes et excellentes maîtresses, ne pas les consoler par la sagesse de votre conduite. Oui, toujours vous serez leur couronne et leur joie par des mœurs pures, par votre application au travail, par les sentiments et les œuvres d'une piété sincère. Elles sont vos mères par leur tendresse, eh bien, vous serez leurs enfants par la docilité; et tous les jours vous élèverez vos mains innocentes vers le ciel, pour conjurer le Seigneur de bénir celles à qui vous devez le plus précieux de tous les bienfaits, celui d'une éducation chrétienne. Vous ne recevez pas une éducation sensuelle et mondaine, on vous élève pour les vertus domestiques, seuls fondements de la société. Ailleurs, je veux dire dans les écoles sans Dieu, on arrache les fondements de la société, quand on transporte les jeunes filles sur le théâtre du monde, quand on en fait des artistes, quand on les sature de musique, de plaisir, quand on en fait des espèces d'automates pour aller briller dans le monde, flatter les regards, allumer les passions. Dans l'école de Jésus, dit le savant Hugues de Saint-Victor, tout ce qu'on y enseigne est vérité, tout ce que l'on y prescrit est sainteté; tout ce que l'on y promet tend à acquérir la félicité éternelle : *Quidquid docetur veritas; quidquid præcipitur bonitas, quidquid promittitur felicitas est.* La place que vous tenez dans les desseins de Dieu est grande, Mesdames, puisque vous êtes les auxiliaires puissants de la vérité, de la charité et de la vertu. Poursuivez donc votre carrière avec cette foi qui opère des prodiges. Travaillez à votre œuvre éminemment utile et sociale, puisqu'il ne s'agit de rien moins que de la restauration du principe religieux par la voie de l'enseignement public.

Oui, Mesdames, il est beau, le rôle que vous remplissez dans le monde. L'éducation ! est-il un art plus saint ? une science plus auguste ? Les plus savants auteurs en ont abordé l'étude. Quintilien, Bossuet, Fénelon en ont admirablement parlé. Xénophon dans sa *Cyropédie*, Rollin dans son *Traité des Etudes*, et tant d'autres ont cherché à formuler en règles l'art divin d'éduquer l'enfant; oui, art divin dont l'Infinie Sagesse n'a pas dédaigné dans les Livres saints d'enseigner les préceptes et qui demande un prêtre, une religieuse, un Frère de la Doctrine chrétienne pour être bien pratiqué !

L'éducation religieuse est la base de la société. Un grand écrivain, Leibnitz, a prononcé un mot profond, souvent répété depuis cette époque : « J'ai toujours pensé, dit-il, que l'on réformerait le genre humain si on réformait l'éducation de la jeunesse. » La bonne éducation, s'écrie-t-il, ailleurs, est le premier fondement de la félicité humaine. » Il ne pouvait mieux dire. J'ajouterai volontiers : La femme est la base, le fondement et la racine de l'arbre social. C'est une femme qui a perdu le genre humain, mais c'est aussi une femme qui l'a sauvé ou du moins qui a contribué à le sauver. Eh bien, aujourd'hui la société se sent ébranlée jusque dans ses fondements. J'entends au loin et partout un bruit sourd d'impiété semblable à celui que Fénelon avait entendu autrefois du fond de son exil et qui était devenu un effrayant orage étendant partout la lueur de ses sinistres éclairs et le bruit épouvantable de ses éclats de tonnerre. Sans éducation religieuse, la société est emportée comme un navire sans boussole, sans mâture, battu sur une mer en furie par les flots qui se choquent et se heurtent entre eux.

Voilà où nous en sommes aujourd'hui. Ne nous serait-il pas permis de désespérer de l'avenir si la Religion n'était assise sur des fondements divins. Loin de les atteindre, les efforts de l'homme et les attaques des sociétés secrètes ne font que les avancer plus avant dans le sol : comme ces grands chênes qui se balancent au sommet des Pyrénées et qui s'y balancent sans peur ; car plus la tempête agite leurs cimes, plus elle enracine leurs pieds. Mais j'écoute et je crois entendre les accents prophétiques que du fond de sa tombe, un illustre penseur du dernier siècle adresse à la société : « La France sera sauvée par l'apostolat des femmes chrétiennes et par la reformation de l'éducation des filles. » Recueillons cette parole avec le tressaillement du poëte et du saint, qui défie la triste expérience de jamais éteindre en lui la flamme de l'espérance.

L'espérance ! Ah ! j'ai prononcé ce nom béni ! Vous espérez, vous tous qui m'écoutez, que si toutes les femmes sont bien élevées, dans toutes les classes et à tous les degrés de l'échelle sociale, on reformera le monde dans la foi catholique. Il n'y aurait plus de trace de religion en France, je vous le déclare, sous l'action des impiétés, sous l'action des mauvais livres, des mauvais enseignements, si la femme n'était restée chrétienne. Nous serions barbares, antropophages, nous nous égorgerions les uns les autres, sans l'influence de la femme catholique. Vous comprenez bien ces choses, parents chrétiens qui m'écoutez, puisque vous élevez vos enfants pour Dieu. Vous savez qu'il y a là une question d'honneur pour vous, que dis-je, il y a là une question de vie ou de mort. C'est vraiment la vie et la mort entre lesquelles il s'agit de choisir : *Inter hominem vita et mors, bonum et malum, quod placuerit ei, dabitur illi* (1). Vous n'ignorez pas que sur votre tombeau comme sur votre berceau, il y aura toujours écrite une ruine ou une bénédiction. C'est votre terrible responsabilité, c'est aussi votre sublime grandeur. Jacob poursuivi par le farouche Esaü exprimait ainsi les angoisses de son cœur d'époux et de père pour Rachel et ses fils : « Je crains qu'il ne frappe la mère avec les enfants. » *Ne forte veniens percutiat matrem cum filiis* (2). Vous aussi, nobles habitants de Langres, quand vous verrez l'impiété mettre sa main inique sur les âmes de vos enfants, vous répéterez le cri de Jacob et vous aurez peur qu'avec les enfants, on ne tue la mère, c'est-à-dire notre France bien-aimée.

Encore un mot, et c'est le fond de mon cœur que je vous livre. Aimez la France, malgré ses fautes, aimez-la d'un amour passionné et exclusif, aimez-la comme vous aimez l'Église. Aimez-la dans ses gloires et dans ses afflictions.

On avait dit d'un ancien qu'il se croyait né non pour lui, mais pour le monde entier, *nec sibi, sed toti genitum se credere mundo*. Répudiez cette doctrine funeste ; sous les noms barbares d'humanitarisme et de cosmopolitisme, elle a été le poison de notre jeunesse, elle a tué en nous la virile énergie de nos aïeux. Aimez la France, aimez l'Église. L'amour centuple les forces, l'amour empêche les défaillances, l'amour mène à la victoire.

Et vous, Monseigneur, étendez maintenant sur nous la main du Pontife qui bénit.

Bénissez cette communauté qui vous aime et qui vous vénère ;

(1) Eccl. xv, 8.
(2) Genes. xxii, 11.

Bénissez ces chères enfants, l'espoir de la patrie et l'espoir de l'Eglise ;

Bénissez leurs excellents parents dont la foi a su rester ferme au milieu des lâches abandons du siècle et qui travaillent à garantir la liberté de Dieu et de l'Eglise.

Enfin, bénissez-moi, si, ne mesurant pas mes forces, mais remplissant mon ministère, j'ai pu faire faire entendre ici ma voix ; j'avais à cœur de raconter à cette noble assemblée la vie du R. P. Barré.

Enfin que votre Grandeur daigne nous bénir tous, et que cette bénédiction nous obtienne le courage et la force, la constance et l'honneur, qu'elle nous rende dignes de ce que demande de nous en ce moment le service de l'Eglise, dont la liberté sainte a été acquise au prix du sang, *quam acquisivit sanguine suo*, par le Seigneur Jésus, son divin époux, à qui est l'honneur, la puissance et l'empire dans tous les siècles des siècles, *cui honor, potestas et imperium in sæcula sæculorum. Amen.*